AF232911

DEUX MOTS

SUR LE PRÉTENDU

ACTE DES TROIS ÉTATS

Du Royaume,

ASSEMBLÉS EN CORTÈS, A LISBONNE,

FAIT LE 11 JUILLET 1828.

1828.

L'INFANT DOM MICHEL, à son retour de Vienne, où il avait été purger l'attentat commis contre son père, ayant juré d'épouser sa nièce dona Marie da Gloria, reine reconnue de Portugal, et de gouverner le royaume selon les institutions octroyées par son frère Pierre IV de Portugal, se souleva avec la couronne et le gouvernement de son frère, foula aux pieds son serment et les promesses faites devant l'Europe entière; et, pour pallier son usurpation, il fit convoquer des soit-disant Cortès, tandis que tout le royaume était en combustion, les chambres dissoutes, et parconséquent les députés courtisans élus sans des pouvoirs légitimes, et poussant l'audace au point d'en faire figurer un comme procureur de Goa, alors même qu'on n'y pouvait encore savoir l'arrivée de dom Michel en Portugal.

Les cortès étant assemblés, on arrêta de réunir en un seul acte ses décisions sur la question exposée, de savoir à qui appartenait la couronne de Portugal par la mort du roi Jean VI.

Cet acte ou *Assento* n'est établi que sur une base; cette base n'est autre chose qu'un sophisme; il ne mérite donc que *deux mots*, et ce sont ceux-là que nous offrons.

Voici les termes dans lesquels est conçu le simple paragraphe de cet acte, ce qui suit ne sont que des développements sans de nouvelles raisons :

« Si les lois du royaume avaient exclu
« Pierre IV de la succession à la couronne,
« au moins, depuis le 15 novembre 1825, la
« couronne de Portugal, le 10 mars 1826,
« appartenait incontestablement au très-haut
« et très-puissant roi et seigneur dom Mi-
« chel Ier, attendu que les deux princes étant
« appelés l'un après l'autre, et que l'aîné a été
« légalement exclu, la couronne, par cette
« exclusion légale, échoit nécessairement au
« second frère. En vain chercherait-on parmi
« eux un autre prince ou princesse qui eût des
« droits à la succession, après avoir légalement
« exclu l'aîné; car ne pouvant être que descen-
« dant de dom Pierre, il faudrait dire ce qui

« blesse la raison et jusqu'à l'idée des termes,
« qu'après l'exclusion il possédait des droits à
« la succession ; ou il faudrait admettre, ce qui
« serait une absurdité égale et encore plus ma-
« nifeste, qu'il pouvait le 10 mars transmettre
« des droits que déjà, par la supposition, il ne
« possédait plus. Ce prince ou cette princesse
« ne pouvait, durant sa minorité et pendant
« qu'il se trouvait sous la tutelle de parents
« étrangers, manquer d'être également re-
« connu étranger au Portugal ; mais en accor-
« dant encore qu'il ne fût pas réputé ainsi, il
« ne s'ensuivrait pas qu'il pût recevoir des
« droits dont celui, par qui seulement ils lui
« pouvaient être transmis, se trouvait déjà alors
« privé par les lois. Voici le grand, l'inébran-
« lable fondement par lequel les trois États
« ont reconnu leur légitime roi et seigneur
« dans l'auguste personne de dom Michel Ier.

« Son aîné a été légalement exclu : les des-
« cendants de l'aîné, dont l'exclusion était re-
« connue légale, ne pouvaient tenir de lui, et
« encore moins d'autres, des droits à la succes-
« sion ; et les lois appellent incontestablement,
« dans un tel cas, à la succession, la seconde
« ligne. »

La confusion de *premier né* avec *primogéni-*
ture, l'embrouillement calculé de *fils* et de *ligne*,

voilà la force de l'argument de cet acte honteux et indécent. Il eût mieux valu ne rien dire, plutôt que d'appuyer une usurpation sur un sophisme puérile. Le développement de la vérité, la réfutation de l'argument futile, devient donc d'autant plus facile ; et s'il est encore quelqu'un qui se fasse illusion, ce qui paraît incroyable, cinq minutes de réflexion vont démasquer le vol sontenu par la malice sous le manteau du mensonge.

Supposons, comme le veut l'acte, qu'en 1825 dom Pierre s'est fait *étranger ;* en devenant étranger, a-t-il rendu étrangers ceux de ses enfants nés lorsqu'il ne l'était pas ? Dona Marie da Gloria, *née Portugaise*, parce que son père, *après sa naissance*, a adopté une autre patrie, a-t-il, par cette adoption, altéré la naturalité de la fille ? Dona Marie da Gloria est-elle fille d'un esclave, pour que l'accouchement suive la naturalité du père ainsi que la loi l'eût ainsi désigné ?

Parce que mon père change d'état, de patrie, de religion, de climat, suis-je tenu d'en faire autant ? Parce que mon père perdrait ses droits *politiques*, suis-je pour cela privé de mes droits civils ? dois-je perdre la succession dans la propriété d'un domaine qu'il possédait, du majorat qu'il administrait, des biens libres ou en majorat de mon aïeul ou de mon oncle? La loi qui m'appelle après mon père peut-elle être sans effet, parce que mon père ne le voudrait pas ? Est-il supérieur à cette loi ? Peut-il détruire par son fait un droit qu'elle m'accorde, un droit que le fait de ma naissance, de mon existence, m'a acquis ? Qui n'aperçoit déjà combien est absurde l'argument de l'acte ? Comment ne pas voir le sophisme dans la confusion de premier né avec la ligne de primogéniture ?

Personne ne pourra considérer le changement de patrie ou la naturalisation de quiconque dans un autre pays que son pays natal, d'un plus grand effet que la *mort*. Celui-ci est sans doute le terme de tous les droits personnels. Considérons donc que dom Pierre est *mort* lorsqu'il se fit Brésilien. A qui ont passé ses droits par suite de sa mort, à sa fille ou à son frère ? La succession royale est parmi nous comme celle des majorats : l'Ordonnance, liv. 5, tit. 100, décide la question en faveur de la fille.

Une famille, une dynastie a été *appelée*, elle *a pris* l'administration et la *possède*. Cette succession est directe dans la ligne de primogéniture ; quoique interrompue par la mort de l'administrateur, la ligne continue s'il existe des descendants. Personne ne l'ignore, personne ne peut de bonne foi le nier, le disputer.

Dom Pierre étant mort, par ce fait *le droit* à la couronne de Portugal est échu à sa fille dona Marie da Gloria. Elle l'a tenu *in potentiâ* jusqu'au 10 mars 1826, époque de la mort de son aïeul Jean VI : alors ce droit a été résolu, et s'est vérifié *in actu*. Elle l'a donc absolument acquis, et le possède depuis lors (dans cette hypothèse), d'après le texte de notre législation, suivant la loi du 9 novembre 1754.

Ce serait un sophisme de dire que, par l'exclusion de dom Pierre de la succession de Portugal comme étranger, la *ligne de primogéniture* se trouve également exclue. Si dom Pierre eût été exclu, et n'eût pas d'enfants à l'époque de l'exclusion comme étranger, la ligne, devenant *parfaitement* vacante, les enfants nés étrangers *après* étaient exclus, et ne pouvaient prétendre à un droit qui *n'existait pas* à l'époque de leur naissance.

Dona Marie da Gloria *existait déjà* : il ne pouvait pas la déshériter ; sa ligne était *integra ;* l'interruption était personnelle ; la ligne n'a point été en *vacance,* parce qu'il y avait alors une succession existante. Dès-lors le changement de patrie, ou même la mort de dom Pierre, n'ont nullement atteint les droits acquis à sa fille.

Il ne faut point dire que dom Pierre ne pouvait, le 10 mars, transmettre à sa fille des droits qu'il ne possédait plus, car c'est embrouiller absurdement la question dans l'hypothèse de l'acte même. Les droits de dom Pierre, dans cette hypothèse, ont cessé le 15 novembre 1825 : c'est donc alors qu'ils sont passés à sa fille ; mais ils sont demeurés en *suspens* jusqu'au 10 mars 1826. Alors ils ne sont point passés, ils sont *revenus* et se sont vérifiés : le *jus ad rem* est devenu *jus in re*. Il n'a donc pas transmis, le 10 mars, ce qu'il ne possédait pas. Elle n'a point *acquis de lui* le 10 mars ; elle avait par sa naissance acquis, le 15 novembre précédent. Supposons la même hypothèse en cas de mort, et l'on apercevra le sophisme dans tout son jour. Dom Pierre, mort le 15 novembre, c'est alors que tous les droits ont passé à sa fille.

Son aïeul étant mort le 10 mars, les droits suspendus pendant sa vie *ont été résolus, effectués et vérifiés ;* ils ont acquis le fait que l'existence de l'aïeul empêchait. Ceci est aussi clair comme est absurde le principe adopté dans l'acte.

Dona Marie da Gloria naquit et elle est Portugaise, parce que cette qualité ne se perd que par un fait *propre :* elle n'a point encore mis ce fait en pratique, ni aucun autre apte à produire par résultat la perte de droits. Elle est mineure de dix ans! Puisqu'elle est donc Portugaise, la question d'étrangère ne la regarde nullement.

Quiconque peut *aliéner et perdre* de son chef ce qui lui appartient; mais je ne puis, de mon fait, aliéner et perdre ce qui *ne m'appartient point*. Un aîné peut aliéner et perdre le droit que cette qualité lui acquiert; mais il ne peut, par ce fait, préjudicier le droit d'un tiers, ni détruire un droit acquis. Lors donc que l'acte établit et résout que les droits de primogéniture peuvent s'aliéner et se perdre comme tous autres, il avance une absurdité; car il porte l'aliénation et la perte absolue au-delà de ce qui est simplement personnel à l'aîné.

La loi, le droit et la possession, ont établi la royauté dans la maison régnante de Portugal; elle a existé par Jean VI. La ligne de primogéniture est celle *du légitime possesseur*. L'aîné a des enfants qui ont autant de droits à la succession, *l'exclusion* ou *la mort* étant vérifiée, comme l'aurait leur père : l'un et l'autre étaient aussi bien administrateurs. Les mêmes droits, les mêmes devoirs, lient l'un ou l'autre, comme chef de l'État.

L'un est autant roi comme l'autre. Le successeur n'acquiert point de droits personnels du prédécesseur dans ce cas spécifique : celui-là acquiert les mêmes que celui-ci acquit d'après la loi. C'est la loi qui l'appelle, qui le désigne ; c'est par elle que le successeur, ayant toutes les qualités voulues, entre en jouissance de son administration. Il n'est point seigneur, mais bien administrateur. N'étant pas seigneur, comment son fait peut-il préjudicier le successeur qui a la possession et l'acquisition, non du prédécesseur, mais seulement de la loi. En devenant étranger, comment, par ce fait, le possesseur actuel (dans l'hypothèse que les étrangers ne peuvent succéder), peut-il nuire au successeur naturel ? Le prédécesseur, par la mort naturelle même, comment peut-il priver le successeur de droits qui ne comprennent point de qualités héréditaires ? Qui ne saurait faire une distinction entre la succession légitime du majorat et celle héréditaire des biens, l'appel de la loi, de la vocation de l'homme, enfin l'administration de la propriété ?

Il faut ignorer les premiers éléments de jurisprudence pour méconnaitre les conséquences de notre doctrine et l'absurdité de la décision en cortès. Il eût été honteux pour les courtisans de ne les point savoir ; mais les fouler à dessein, cela est révoltant et punissable.

Nous avons parlé jusqu'ici dans l'hypothèse

que dom Pierre était étranger depuis 1825; mais cette concession était gratuite, et ne tendait qu'à démontrer la grande absurdité de l'acte des cortès dans ce cas même. Notre opinion est cependant toute autre. Aucune loi portugaise ne le déclare étranger, et le prive bien moins de la succession qui lui appartient.

Le fait de constituer une *partie* du Portugal en royaume ou en empire lui donnant pour chef un successeur de la couronne de Portugal, ne prive pas celui-ci du droit de succéder à l'ancienne couronne, celle-ci devenant vacante par la mort du prédécesseur légitime; et bien moins encore lorsque ce prédécesseur rempli de sagesse, pour éviter des questions de succession presque toujours funestes aux peuples, a déclaré dans le temps, que c'était *de son consentement* que ce démembrement avait lieu, et que Pierre IV était l'*héritier légitime* et le successeur du Portugal; et pour éviter toute difficulté et comme pour centraliser la succession de l'une et de l'autre couronne, Jean VI prit lui-même le titre d'empereur du Brésil. La procuration accordée à sir Charles Stuart, le traité avec le Brésil, et les lois du 15 novembre 1825, sont des documents que l'Europe a vus et que l'on ne peut de bonne foi méconnaître.

Le fait de dona Beatrix, que la fraction des trois États dénommée *cortès* appelle en sa faveur, ne prouve rien, parce qu'il est question d'une *femme;* et dom Pierre appartient à la ligne masculine : il y est traité du mariage d'une princesse et non d'un prince; et cela prouve simplement qu'un étranger qui épouserait une princesse portugaise ne peut pas devenir roi de Portugal. Les membres de ces cortès établissent une misérable supposition de leur fantaisie, et pauvrement y confessent que l'application en est idéale, parce que les *allégations publiques du temps ne désignent pas* la véritable raison, *la qualité d'étranger.* C'est à messieurs les membres rédacteurs à nous dire comment on devine des raisons tues en méprisant celles qui sont écrites.

Quant à l'exemple du comte de Bologne, il faut seulement ajouter que les courtisans établissent une nouvelle proposition, et que nous acceptons; c'est-à-dire, que la naturalité se perd quand on quitte un royaume, mais que l'on retrouve en y revenant. « *Retournant immédiatement en Portugal, il a recouvré sa naturalité.* » Dès-lors si dom Pierre venait en Portugal, il recouvre la naturalité que nos courtisans lui supposent perdue. Or la naturalité et les droits que l'on recouvre par le simple mouvement du corps, ne peuvent se dire perdus; c'est peut-être la première fois qu'une pareille chose s'est dite : toutefois, cela a été dit. Ah! pudeur!

Ceci établi par trois principes, il paraît enfin que l'on prétend établir dans le reste de l'acte le droit de dom Michel à la succession de la couronne de ces royaumes. 1º Parce que dom Pierre prenant la souveraineté d'un État indépendant, a perdu la qualité de Portugais et est devenu étranger; 2º parce que, comme étranger, il ne peut pas succéder; 3º enfin parce que, à son défaut, le successeur n'est point sa fille, mais bien son frère : on en appelle aux lois et usages du royaume ; nous voulons également y recourir.

Dans notre histoire on ne saurait indiquer un fait ou arrêt plus semblable que celui d'Alphonse V.

Ce monarque avait un fils, et, en contractant une nouvelle alliance, il épousa dona Jeanne. Leurs fiançailles se célébrèrent à Plazentia, et ils y furent proclamés rois de Castille, de Léon et de Portugal, comme l'indiquent nos chroniques. Goes, chap. 51 de la Chronique du prince don Jean; Rui de Pina, dans celle d'Alphonse V, chap. 178.; Nunès de Léon, dans celle d'Alphonse V, chap. 51.

Ce roi est allé gouverner de nouveaux États, et il ne perdit point l'autorité royale ni les droits de souveraineté de sa couronne. Voyons comment dans l'édit du 8 avril 1475 il résolut des doutes sur le gouvernement du royaume par le prince dom Jean. Dans celui du 25 avril de la même année, il autorise le gouvernement du royaume. Par lettre-patente du 12 mai de la même année, il ordonne que les descendants du prince dom Jean, son fils, succèderont à la couronne de Portugal, et point ceux qu'il aura de la reine dona Jeanne de Castille. Que messieurs les courtisans nous disent de bonne foi ceci serait-il encore un *sens importun*, une *tergiversation*, une *indifférence* dans la partie narrative, une *répétition* moins avisée, et tout ce que mal avertis, ils disent de la loi du 15 novembre 1825?

Insensés! ce qu'a dit Alphonse V a été tenu pour valide, et la même chose ne le serait pas chez Jean VI?

Cela a été promulgué par Alphonse V en Portugal : et ensuite déjà à Toro il déclara, par une autre lettre-patente du 5 janvier 1476, le prince dom Jean, son fils, *héritier et successeur en Portugal*, et après l'infant dom Alphonse, son petit-fils.

Ensuite, dans la même ville, le 16 février de

la même année, il fit une autre lettre déclarant son petit-fils, dom Alphonse, comme successeur de Portugal. Enfin, le 27 août de la même année, voulant aller en France, il confia, par une lettre de cette même date, à son fils, le prince dom Jean, tout son pouvoir. Tous ces documents se trouvent dans les *Archives du royaume*, tiroir 13, paq. 10.

Tout le monde sait comment dom Emmanuel, ayant épousé la reine Izabelle, eut les couronnes de Castille, de Léon et d'Aragon, et comment ils furent reconnus héritiers de ces royaumes. Ces monarques eurent un fils, dom Michel de la Paix, qui naquit à Saragosse, le 24 août 1498, et fut de suite reconnu héritier des royaumes d'Aragon, Castille et Léon, et ensuite, le 7 mars 1499, il fut juré héritier des royaumes de Portugal et des Algarves, à l'église de Saint-Dominique de Lisbonne.

Par lettre-patente du 27 du même mois et année, dom Emmanuel prescrit la formule que ce prince aurait à suivre pour gouverner quand il succèderait aux uns comme aux autres royaumes ; mais ce prince mourut en l'année 1500, et resta à Saragosse.

Pour quelle raison Jean VI ne pourrait-il donc pas faire ce que le roi Emmanuel fit en des circonstances bien plus délicates ? Castille,

Aragon et Léon étaient déjà des royaumes indépendants, et toujours distincts du Portugal : le Brésil venait seulement de se séparer. Dom Emmanuel succédait par sa femme, Jean VI par son propre droit. Il est aussi superflu d'en dire davantage, comme l'acte de ces cortès est illégal.

Où naquit Pierre IV ? De qui est-il né ? Qui représente-t-il ? Quel empire gouverne-t-il ? Tout n'est-il pas d'origine portugaise ? Quelle est donc la succession de royaume étranger ? Où se trouve dans ce sens la qualité d'étranger dont ont parlé les anciennes lois portugaises ?

Il est nécessaire qu'il réside parmi nous. Mais dom Michel a-t-il résidé plus long-temps parmi nous ? Qui ignore que dom Pierre y a résidé plus long-temps.

Un royaume, d'après les lois portugaises et les usages conservés dans nos monuments historiques, est considéré comme étranger, en fait de succession, quand le royaume *l'était déjà*, et se trouvait déjà être autre à l'époque de la naissance du successeur en question : ainsi l'on considère aussi comme prince étranger au Portugal, celui qui est né étranger à l'égard du Portugal, royaume différent de celui de sa naturalisation. Nos anciens usages et nos cortès n'ont parlé dans aucun autre sens. Mais, par événement, ce cas est-il le nôtre ? Qui n'aperçoit un fait distinct dans la séparation par indépendance d'une portion du territoire portugais, présidée par le successeur de la couronne de Portugal, né Portugais, explicitement déclaré héritier et successeur de cette autre ancienne portion, et le prédécesseur prenant, pour mieux régler cette succession, le titre pris par le prince gouvernant la partie séparée.

Voici le véritable sens de la demande des cortès, et ce qui s'est passé avec Jean IV, quoique cela n'ait aucune application aux circonstances présentes. Mais pour qu'il ne soit pas dit que nous brisons sur un sujet d'un aussi grand poids, examinons le texte des chapitres des cortès de Jean IV, et l'effet de la *demande*.

Voici ce que dit le chapitre 2 du tiers-état : « Nous demandons que, pour le bien général « de ce royaume, il soit fait des chapitres, avec « l'approbation des trois États, pour sa succes- « sion et son héritage, *renouvelant* et ratifiant « les chapitres des cortès de Lamego, faits par « le glorieux roi dom Alphonse Henriquès, fon- « dateur de ce royaume, et qu'il soit ordonné « de manière que jamais plus aucun roi ni « prince étranger ne puisse l'hériter ; en sorte « que le roi qui viendra à l'être de ce royaume « de Portugal, soit *naturel et Portugais véri-*

« *table, né dans le royaume*, obligé d'y résider
« personnellement, et, pour en obtenir un
« meilleur effet, qu'il soit nommé et élu dans
« ce royaume trois des plus illustres familles,
« les plus proches au sang royal, pour qu'au cas
« qu'il vienne à manquer des descendants en
« ligne, qui puissent être héritiers du royaume
« (ce qui ne plaise à Dieu), la succession échoie
« à l'une de ces trois familles, en observant
« l'ordre et la forme de la vocation, sexes et
« âges, qui, selon le droit, aient la préférence,
« avec toute la clarté nécessaire, pour éviter
« tous les doutes et les inconvénients que l'ex-
« périence a démontrés, tant parmi les natu-
« rels que parmi les étrangers dans ce même
« royaume. »

Chapitre 3. « Il sera aussi ordonné que lors-
« que les rois et princes de ces royaumes, ou
« les infantes se marieront dans des pays étran-
« gers, il soit immédiatement mis une clause
« dans les contrats de mariages, pour que leurs
« enfants ou descendants ne puissent succéder
« dans ce royaume ; parce que de cette manière
« étant ainsi célébrés, ils auront moins de rai-
« son de prétendre à la succession, et d'avoir
« des discordes. » La réponse du roi a été :
« Je ferai établir une loi pour ce que vous me
« désignez dans les chapitres 2 et 3 ; et à la

« noblesse il a répondu que cela serait en con-
« formité de ce que le roi Jean III avait ordonné,
« avec les déclarations et les modérations qui
« seraient jugées les plus convenables à la con-
« servation et au bien commun du royaume. »

La noblesse et le clergé dirent la même chose,
et tous eurent d'égales réponses : et comme il
y a eu une réplique, la réponse finale fut :
« Quant au premier chapitre sur la succession
« de la couronne de ces royaumes, il m'a paru
« convenable de faire faire une loi qui déclare
« que la succession du royaume ne pourra
« jamais, dans aucun temps, revenir à un
« prince étranger ni à ses enfants, quoiqu'ils
« soient les plus proches parents du roi der-
« nier possesseur, et appartiendra plutôt tou-
« jours à un prince natif du royaume même.
« *Et pour qu'elle soit ordonnée* dans la forme
« qu'il convient, je nomme les docteurs Thomé
« Pinheiro da Veiga, Louis Pereira de Castro,
« Georges d'Araujo Estaço, et Antoine Paes
« Viegas. »

En premier lieu : cette loi n'a jamais été
faite ; il n'y a même pas d'archives, de réfé-
rence, de monument, ou de document histori-
que quelconque qui la rappelle. Donc une telle
loi n'existe pas. En second lieu, elle ne serait
pas contraire (quoiqu'elle existât) à Pierre IV,

qui est naturel, et Portugais légitime, né dans le royaume ; et telle est sa fille, née avant le démembrement du Brésil, si cela détruisait la naturalité, la légitimité, la naissance.

En troisième lieu : la loi de Lamego, suivant qu'il est dit dans le chapitre Ier de l'état de la noblesse aux cortès de 1641, disait : « Il or- « donne que le royaume ne puisse jamais pas- « ser à un roi étranger, et que n'ayant pas « d'enfant mâle, la fille se mariât dans le « royaume. »

Dom Pierre, avant que d'être empereur du Brésil, était prince portugais, héritier et successeur du royaume de Portugal : cette qualité était précédente et non subséquente. Au surplus dom Pierre, par l'expression des cortès, sur ce qu'elles entendent par changer, ne l'est point ; *il est naturel*, Portugais légitime, né en Portugal ; et, en outre, cette loi a toujours été observée. Les cortès de 1641 répondent par la noblesse : « Et parce que cette loi n'a été en « pratique que jusqu'au temps de notre Roi « dom Ferdinand, qui a été le neuvième de ce « royaume. » Que vaut donc une loi point observée ?

En quatrième et dernier lieu : il y eut, en 1641 , un grand empressement à proposer et insister sur une telle loi, à cause de ce que le

Portugal venait de souffrir par son union à
l'Espagne. Comme le règne de Jean IV s'en est
suivi indépendant, la crainte s'est dissipée, la
loi n'a pas été faite et les choses sont restées
comme elles étaient auparavant. Y aurait-il
aujourd'hui de la crainte pour la réunion au
Brésil ? Peut-on redouter que l'océan Atlanti-
que sèche, et que le Portugal reste uni à une
portion de quelque territoire d'outre-mer ?

Puisque les affaires de succession en Portugal restèrent dans le temps des cortès de 1641
comme elles étaient auparavant, il n'est pas
hors de propos d'indiquer ici les paroles par
lesquelles le roi Emmanuel veillait dans ce cas
à la succession de son fils. Sa lettre-patente,
déjà citée, du 27 mars 1499, qui se trouve
dans les *Archives du royaume*, tiroir 13, paq. 2,
n° 4, et avec quelques altérations dans le
tom. 2 des *Preuves de l'Histoire généal.*,
page 398, dit :

« Dom Emmanuel, par la grâce de Dieu,
« roi de Portugal et des Algarves, en-deçà et
« au-delà des mers en Afrique, seigneur de
« Guinée, et tous ceux qui notre lettre-patente
« verront, faisons savoir, que considérant comme
« il a plu à Notre-Seigneur, que le prince dom
« Michel, mon surtout très-aimé et fils chéri,
« soit héritier de Castille, de Léon d'Aragon

« et de Grenade, et de beaucoup d'autres sou-
« verainetés, etc.; et ainsi qu'il est à pré-
« sent héritier de ces royaumes et des nôtres
« de Portugal et des Algarves; ainsi, quand il
« plaira à Notre-Seigneur qu'il les hérite tous,
« il *sera roi d'eux tous.* »

Voici comment on observait la loi de Lamego. Voici à quoi se réduit la force de ce
monument qu'ils invoquent tant sans le comprendre, ou sans le vouloir comprendre, les
courtisans de 1828.

Et qui donc, en réfléchissant quelques minutes sur cet acte de cortès, ne sera pas indi-
gné? Il y manque la circonspection, le bon
sens, la connaissance de la loi, les notions les
plus triviales de jurisprudence, la bonne foi et
la vérité. Voici le scandale qu'une poignée
d'hommes, oubliant l'inviolabilité de leur serment, sans réfléchir aux maux où ils entraî-
nent une nation, dispersant leurs meilleurs
citoyens, sacrifiant leur fortune, tranchant le
cours d'un commerce déjà atténué, prostituant
la justice, récompensant des malveillants, écra-
sant des innocents, châtiant sans faute, ils ont
béni, confirmé, et sanctifié une usurpation
avec des sophismes, des erreurs, des fantômes
et des perversités!

Sur eux doivent retomber tous les maux

qu'ils ont causés ; que la justice divine n'épargne point de tels criminels. La misère à laquelle se trouve réduit le malheureux Portugal, l'usurpation qui en même temps attaque l'inviolabilité du serment, le droit de légitimité, et la loi générale de la succession des familles qui règnent sur les trônes d'Europe, *ne saurait demeurer indifférente* à aucuns des gouvernements qui composent la grande famille européenne, et encore moins ceux qui par alliance de famille, ou par des liens politiques, doivent considérer leur honneur et leurs intérêts lésés par la perfide usurpation qui vient de se commettre à la face du monde.

FIN.

PARIS. — IMPRIMERIE DE CASIMIR,
Rue de la Vieille-Monnaie, n° 12.

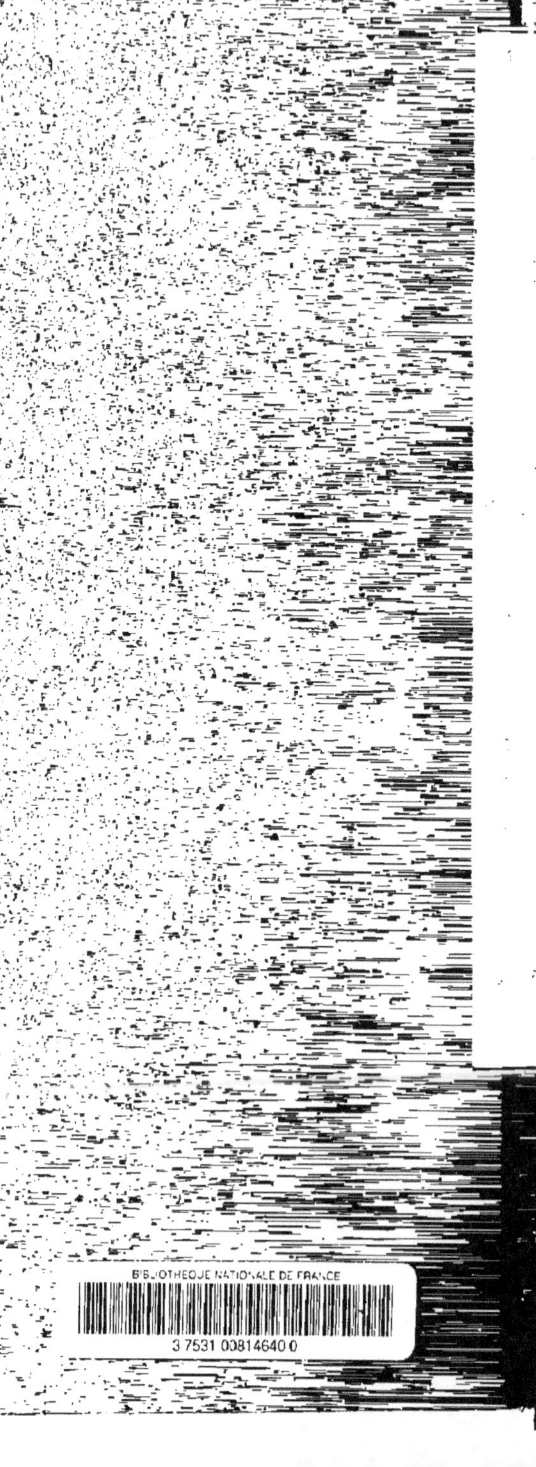